SOMMAIRE DES LEÇONS

DE LA

XXe SESSION

DES

Semaines Sociales de France

Tenue à **PARIS**

du 23 au 29 Juillet 1928

La Loi de Charité principe de Vie Sociale

LYON

CHRONIQUE SOCIALE DE FRANCE

16, Rue du Plat, 16

Ombres et Lumière sur la Notion de Charité

Leçon d'ouverture de M. Eugène Duthoit

Président de la Commission Générale des Semaines Sociales,
Doyen de la Faculté de Droit de l'Université Catholique de Lille.

Objet et raison d'être d'une Semaine Sociale sur la Charité.

Selon la définition même que l'Eglise met sur nos lèvres, quand nous récitons *l'acte de charité*, celle-ci consiste à aimer Dieu pour lui-même, par-dessus toute chose, et notre prochain comme nous-mêmes pour l'amour de Dieu. Le motif de la charité est *surnaturel* : C'est Dieu, connu, non seulement avec les lumières de la raison, mais avec celles de la foi, Dieu Créateur, Rédempteur, Sanctificateur. Mais comment aimer Dieu sans adopter tous ses amours et, par conséquent, aimer nos frères comme nous-mêmes ?

Cette charité laisse subsister entièrement les motifs *naturels* qui nous pressent d'aimer Dieu et le prochain.

Autour de ces notions fondamentales, l'ignorance et la faiblesse des hommes ont produit *des ombres qu'il faut dissiper,* afin de mettre en pleine *lumière* la valeur transcendante de la charité comme principe de vie sociale.

PREMIÈRE PARTIE

Les Ombres à dissiper

I. — MÉPRISES ET DIMINUTIONS DONT LA CHARITÉ EST VICTIME

Certains confondent la charité avec telle ou telle de ses applications, comme l'aumône ou la bienfaisance, et oublient l'avertissement de saint Paul : « Quand je distribuerais tous mes biens pour la nourriture des pauvres... si je n'ai pas la charité, cela ne me sert de rien. »

Cette méprise conduit à l'oubli de *l'obligation* de charité et à l'inintelligence des vrais rapports de la justice et de la charité.

Elle mène aussi à la méconnaissance de sa *portée universelle*, sous la pression de la solidarité de classe ou encore du sentiment national, dans les deux cas exagérés.

II. — CONGÉS SIGNIFIÉS A LA CHARITÉ

D'autres ne se contentent pas d'amenuiser la loi de charité. Ils prétendent qu'*elle a fait son temps* et, tout en rendant hommage aux services qu'elle a pu rendre dans le passé, proclament que son règne, soi-disant incompatible avec l'organisation rationnelle, scientifique et humaine de la solidarité sociale, aurait fini son temps.

III. — HOSTILITÉS DÉCHAINÉES CONTRE LA CHARITÉ

Ces hostilités viennnent de divers côtés de l'horizon. Les uns lui opposent l'amour naturel, la simple humanité ; d'autres la justice ; certains prétendent qu'elle entrave le commandement et paralyse l'autorité ; quelques-uns la disent contraire à l'idéal d'ordre et de beauté qu'ils ont conçu.

Que ces attaques soient dirigées contre la charité surnaturelle ou seulement contre la pitié et le sentiment d'humanité, tous ces coups réagissent en fait contre la charité : ne croyant pas à la valeur sociale de la charité naturelle, comment ces écrivains admettraient-ils la transcendance de la charité surnaturelle ? Ils voudraient bâtir la cité sans amour.

DEUXIEME PARTIE

Transcendance de la charité comme loi de la vie sociale

I. — LA CHARITÉ ENVISAGÉE COMME COMMANDEMENT

Elle est, dans l'ordre chrétien, le précepte *premier*, unique même. Sur l'observance de ce précepte tous les hommes seront jugés.

II. — LA PORTÉE UNIVERSELLE DE LA CHARITÉ

a) Aucun domaine d'activité n'échappe à sa souveraineté et elle pénètre de son principe toutes les autres vertus.

b) Aucun membre de l'humanité n'échappe à l'universalité du lien qu'elle constitue ; ceci, nonobstant une hiérarchie des amours qui comporte des devoirs plus stricts envers tels membres de l'humanité, parents ou compatriotes, par exemple.

III. — LA VALEUR DE LA CHARITÉ COMME LIEN SOCIAL

Sans elle, la *force* devient brutale, la *science* orgueilleuse, la *solidarité* froide, la *justice* imparfaite, *l'amour* intéressé. Elle unit les hommes sans contrainte et dans la joie. Loin d'exclure ses prétendus compétiteurs, comme la force, la science, la solidarité, la justice, l'amour, elle les soutient, les aide, tout en ramenant chacun à sa mesure.

Les Sommaires que voici ne sont pas publiés pour dispenser les auditeurs de suivre les cours, mais bien pour aider à les mieux suivre. On est prié de ne pas applaudir, mais on est invité à prendre des notes. Voici pour cela des pages blanches.

IV. — LA VALEUR DE LA CHARITÉ COMME PRINCIPE D'ORDRE ET DE PROGRÈS SOCIAL

a) La charité favorise *l'ordre* en fortifiant l'autorité et aussi en créant un sage équilibre entre les tendances, passions, amours, qui, livrés à leur propre élan, troubleraient la paix.

b) Elle stimule *le progrès*, parce que, seule au monde, la charité n'est jamais satisfaite et ne peut pas être excessive, pourvu que l'homme ne se trompe pas sur l'objet de son amour.

V. — RENCONTRE ET COLLABORATION DE LA CHARITÉ ET DE LA JUSTICE DANS « L'INSTITUTION »

Le propre de la charité, qui tend au progrès social, c'est de ne pas se contenter du *soulagement* des misères : elle veut les *prévenir* par des *Institutions* appropriées. Ainsi ouvre-t-elle le chemin à la justice sociale et offre-t-elle à celle-ci sa magnifique et nécessaire collaboration.

CONCLUSION

Pour un chrétien, les deux vertus, charité et justice sociale, qui n'ont pas le même objet, commandent les mêmes actes et édifient la Cité de Dieu.

La Révélation de la Charité
dans la Personne du Verbe Incarné

Cours de S. G. Mgr BESSON.

Evêque de Lausanne, Genève et Fribourg.

Le précepte de la charité sur lequel Notre-Seigneur insiste si souvent et qui est un élément essentiel de la morale chrétienne, est présenté par l'Evangile comme un précepte nouveau. La charité proprement dite est, en effet, une véritable révélation de la loi nouvelle. Cela ne peut faire aucun doute quand, d'une part, on met en parallèle l'amour du prochain tel que Jésus l'enseigne, avec l'amour du prochain tels que juifs et païens le concevaient avant notre ère, et quand, d'autre part, on étudie à fond le concept évangélique de la charité pour en saisir le sens et en mesurer l'étendue.

Le Sauveur nous ordonne d'aimer le prochain comme nous-mêmes. C'est un commandement rigoureux qui ne supporte nulle exception, nulle réserve. C'est un commandement à la fois négatif et positif qui nous interdit de faire à autrui ce que nous ne voulons pas qu'on nous fasse, et qui nous prescrit de traiter les autres comme nous voulons nous-mêmes être traités. Sans doute, la mise en pratique de ce précepte est subordonnée dans le détail à certaines conditions, mais nul ne peut se soustraire à son accomplissement sans être renié par Dieu.

Pour bien comprendre la nouveauté d'une pareille doctrine, il ne faut point se laisser induire en erreur par les théories de certains contemporains qui, tout en s'attachant à discerner dans des moralistes modernes, étrangers au christianisme, des principes qui semblent un écho de l'enseignement du Christ, oublient l'influence parfois difficile à préciser mais très réelle que cet enseignement exerce depuis tant de siècles sur ceux-là même qui ne s'en doutent pas. Il faut prendre la notion de l'amour du prochain dans la théorie et dans la pratique des hommes qui vécurent avant Jésus-Christ. Cette notion, les païens l'avaient complètement méconnue et le peuple juif l'avait lamentablement rétrécie. Jésus, et Jésus seul, lui donna son sens véritable, à la fois très large et très haut, sens que nous connaissons, en définitive, par la sainte Église qui nous le conserve et nous l'explique au nom même de son divin fondateur.

La Charité vient de Dieu. Elle est surnaturelle. L'amour du prochain tel que nous l'entendons se lie si fortement à l'amour de Dieu lui-même qu'on ne peut pas l'en séparer. Il n'y a pas deux charités, dont l'une se rapporte à Dieu, tandis que l'autre se rapporte au prochain ; il n'y a qu'une charité qui s'étend à la fois au Créateur et aux créatures, comme un seul soleil éclaire à la fois plusieurs êtres différents.

La charité cherche Dieu, c'est-à-dire qu'elle n'aime, dans le prochain, que Dieu. Les plus beaux exemples de charité dont l'histoire ait gardé le souvenir corroborent cette affirmation. Ce qui frappe le plus particulièrement dans la vie des grands saints, admirables modèles d'amour et de dévouement, c'est que, sous les traits des pauvres, ils ont toujours contemplé la figure même du Christ, et c'est pour cela qu'ils les ont entourés d'une tendresse que le monde a peine à comprendre, mais devant laquelle il est contraint de s'incliner.

La charité conduit à Dieu. Ceux de nos contemporains qui se réclament de la simple philosophie laïque montrent avec orgueil la merveilleuse floraison de leurs œuvres de bienfai-

Une feuille contenant la liste des visites de la Semaine est en dépôt
au Secrétariat. Si vous ne la possédez pas il faut la demander.

sance les plus variées. Mais, quoique dans ce bel effort, accompli pour rendre la vie plus facile et moins pénible, il y ait manifestement une grande part d'hérédité chrétienne, la philanthropie, qui ne s'attache qu'au temps présent, n'est pas la charité. Le Christ ne veut point qu'on néglige l'existence d'ici-bas, ni les œuvres de charité purement corporelle ; mais il oriente toujours vers l'éternité. C'est pour rapprocher de Dieu qu'il soulage ou guérit les corps. La seule chose qu'il fait craindre, en définitive, c'est la perte de l'âme dans l'éternité. Si donc nous voulons être disciples du Christ, nous devons suivre l'ordre que suit la charité divine, c'est-à-dire, d'une part, nous occuper de notre âme plus que de notre corps et, d'autre part, aimer le prochain dans son âme beaucoup plus que dans son corps.

La Divine Charité
Source de la Fraternité humaine

Cours du R. P. Noble,

Maître en Théologie.
Prieur des Dominicains du Saulchoir

La charité divine, c'est-à-dire l'amour surnaturel que nous devons à Dieu, implique nécessairement l'amour pour nos frères humains.

Aimer Dieu pour lui-même, dans cette amitié de bienveillance qu'est la charité, c'est s'engager à aimer tout ce que Dieu aime. Or, Dieu aime l'humanité qu'il a créée, prédestinée et rachetée par amour. En aimant Dieu pour lui-même, la charité doit donc nécessairement se prolonger jusqu'à nos frères humains. Au surplus, elle nous oblige à aimer ceux-ci à la façon dont Dieu les aime, dans le but qu'il se propose en les aimant, leur voulant le bien qu'il leur destine, c'est-à-dire en premier leur bien surnaturel : la grâce, le progrès dans la sanctification et définitivement la possession de Dieu dans la vision béatifique. Les biens naturels, individuels et sociaux, souhaités et voulus à nos frères seront envisagés par la charité comme des conditionnements de vie humaine, nécessaires, à titre de moyens, pour aboutir à la fin surnaturelle.

Cette définition de la charité fraternelle étant acquise, il faut voir : 1° Comment elle se distingue des affections et relations humaines d'ordre naturel ; 2° Comment elle s'en accommode et leur prête secours; 3° Quels sont ses actes caractéristiques et sa manière propre d'unir les hommes entre eux.

I. — C'est la similitude des hommes entre eux qui fonde leurs rapports. La ressemblance de nature provoque la sympathie humanitaire, base de la philanthropie, amorce et liant des relations sociales. Elle provoque aussi le respect mutuel des droits de nature, c'est-à-dire le règne de la justice : étant également hommes, nous avons, tous et chacun, un droit égal à notre perfection d'homme et au développement de cette perfection. Mais vouloir, avec l'assentiment plénier de la conscience, que nos semblables possèdent tout ce qu'ils ont le droit d'avoir, c'est vouloir leur bien. C'est donc les aimer. Cet amour du bien d'autrui inspire la justice vertueuse; mais il la déborde — parce qu'il est amour — en inspirant des actes et des œuvres de dévouement altruiste qui ne sont point exigés en rigueur de justice. Il y a donc une charité d'ordre naturel qui vient suppléer aux rigorismes de la justice et cette charité peut être portée à un très haut degré de vertu humaine. Les rapports des hommes entre eux se particularisent par l'amour proprement dit : amour familial (communauté du sang, de l'éducation et des traditions premières); amour utilitaire (légitimes profits rencontrés en autrui); amour de sympathie (communauté de classes, d'opinions, de métier, de genre de vie, de race, d'intérêts religieux, intellectuels, moraux, politiques, industriels, commerciaux, etc.) ; amour d'amitié (libre choix d'une âme sur une autre âme dans les mêmes inspirations profondes).

Le motif de la charité fraternelle est bien distinct des motifs de sympathie, de justice, de dévouement et d'affection qui règnent entre les hommes au point de vue naturel. Quand nous nous dévouons à quelqu'un qui est notre parent, notre ami, notre concitoyen, notre subordonné ; quand nous rendons justice à autrui, étranger ou ami, pour des motifs d'ordre humain et qui ne se réclament point de l'amour de Dieu, nous restons dans le plan de la piété filiale, de l'amitié, du dévouement social, de la justice ; nous ne faisons pas œuvre de charité fraternelle. Aimer les autres surnaturellement, c'est les aimer et se dévouer à eux au delà de leurs intérêts humains, c'est chercher en eux les intérêts de Dieu et pour eux le bien surnaturel que Dieu leur veut.

Vous pouvez vous procurer dès maintenant, au Service de Librairie, la brochure contenant le texte de la Déclaration d'ouverture de M. Dutholt.

II. — La distinction très nette de la charité surnaturelle et des sentiments et rapports qui unissent les hommes dans l'ordre naturel permet le jeu complet de ces sentiments et de ces rapports en dehors de la charité. Des incroyants peuvent exceller dans l'amour filial ou l'amitié, dans la justice ou la bienfaisance sociale.

Mais cette distinction n'empêche pas l'accord de la charité et des relations humaines. Au contraire, la charité assure la perfection des sentiments et devoirs naturels envers autrui. Aimer quelqu'un en charité nous oblige d'abord à lui rendre la justice qui lui est due, le dévouement de bienfaisance qu'exige pour lui, par exemple, notre amour filial ou notre amitié. Le motif de charité fraternelle devient ainsi principe d'impulsion et d'application de toutes relations avec autrui : c'est un potentiel et un surcroît d'énergie pour la perfection de ces rapports. Il y a des délits contre la justice qui sont en même temps des fautes contre la charité : ainsi la conscience est rendue doublement forte pour les éviter. Ajoutons que toutes nos actions et œuvres à l'égard du prochain, quand la charité fraternelle les inspire, deviennent méritoires devant Dieu et appellent sa récompense : d'où un renforcement nouveau dans la conscience pour tout devoir ou toute bienfaisance à l'endroit d'autrui.

La charité fraternelle, étant donné son enjeu final : communauté dans la béatitude de Dieu, est le lien le plus puissant des hommes entre eux. Quand les relations affectueuses ou les obligations de justice sont en défaillance — dans le cas d'inimitié, de discorde sociale ou même de conflits internationaux — l'obligation de charité fraternelle, en vue de la même destinée surnaturelle, demeure intangible. C'est une directive de conscience individuelle et de conscience sociale à l'état permanent : elle est toujours là pour encourager et faciliter les rapprochements et la reprise des relations.

La charité fraternelle, lorsqu'elle monte à sa perfection, devient un principe puissant de concorde sociale, puisqu'elle ne pose aucune limite à la bienfaisance, met en disposition de pardonner les torts les plus réels, d'apaiser tout conflit au nom du Dieu de paix qui veut l'accord de tous les siens.

III. — L'accord de la charité avec les sentiments et les devoirs naturels pour autrui n'empêche pourtant point son autonomie. Elle a des actes caractéristiques et une manière propre de réaliser l'union des hommes entre eux. C'est une dilection dont la formule est celle d'une amitié qui va jusqu'au dévouement positif. Cette amitié est à base de miséricorde, sentiment de tristesse en face de la misère surnaturelle — réelle ou possible — du prochain, avec volonté de bienfaisance surnaturelle, bienfaisance dont les deux plus hautes manifestations sont l'aumône spirituelle et la correction fraternelle. Après cela, le dévouement charitable se prolonge avec ferveur jusqu'à la bienfaisance matérielle, mais toujours en visée définitive du bien surnaturel.

La dilection de la charité se superpose à tous nos rapports et échanges avec autrui pour y ajouter un indéfectible lien, une bienveillance et un dévouement sans bornes.

Le Ciel sera la cité permanente de l'amour fraternel, dans la paix et la joie de la concorde absolue. Ici-bas, le règne de la charité est une réalisation anticipée de la concorde éternelle des âmes unies à Dieu.

Charité et Justice

Cours du T. R. P. GILLET

Maître en Théologie.
Provincial des Dominicains de France.

Il semble *a priori* que la justice et la charité représentent des sentiments plus opposés que conciliables, s'il est vrai que la justice est une vertu naturelle qui nous oblige à rendre aux autres ce qui leur est dû, et la charité une vertu surnaturelle qui nous oblige à leur donner, au nom de Dieu, ce qui ne leur est pas dû, à savoir notre amitié. L'amitié, en effet, qu'elle soit surnaturelle ou non, est un don gratuit et non une dette. Elle suppose, sur un plan divin, l'égalité avec autrui ; la justice, au contraire, suppose l'inégalité. Dans les rapports surnaturels de charité, le prochain est un *autre nous-même ;* dans les rapports de justice, il est *autre* tout simplement. Ce que nous aimons, sous l'impulsion de la charité, c'est la personne du prochain ; ce que nous aimons, en justice, c'est le droit d'autrui, abstraction faite de sa personne.

Cependant ne peut-on démontrer que la justice ne s'oppose pas à l'amour de façon irréductible ; que même, au point de vue naturel, l'amour des hommes, autrement dit le sentiment

inné de fraternité humaine, sans se confondre avec la justice, reste encore la meilleure garantie des droits de l'homme ?

On le peut, à la condition d'admettre que la justice, comme l'amour, mais à sa manière, est susceptible de degrés ; alors il ne sera pas difficile de concevoir les rapports étendus et profonds, quelles sortes de rapports la charité chrétienne est appelée à soutenir avec la justice.

§ 1ᵉʳ

JUSTICE ET FRATERNITÉ HUMAINE

D'où vient qu'en fait, il y ait plusieurs vertus de justice ? De ce que le bien d'autrui comporte des degrés, c'est-à-dire varie non seulement en quantité, mais en qualité.

A coup sûr, la justice, comme telle et à tous les degrés, demeure irréductible à l'amour, puisqu'elle se règle sur le droit d'autrui, ce qui n'est pas vrai de l'amour. Mais il ne s'en suit pas que, même dans les relations de justice stricte, où seul le droit d'autrui est en jeu, abstraction faite de la personne d'autrui, il n'y ait pas de place pour l'amour. Car enfin, être juste, c'est être vertueux ; c'est donc aimer, à défaut de la personne d'autrui, son droit, qui est l'objet de la justice. Il n'y a de vertu de justice que celle qui procède de cet amour raisonnable du bien d'autrui. Ce n'est même qu'à défaut de cet amour que la force peut intervenir *du dehors* pour m'obliger à être juste. Le juste est à lui-même sa loi, il n'a pas besoin qu'on le force à être juste. Il s'aime assez lui-même pour ne pas se soustraire à l'amour du bien d'autrui. Sa justice procède donc de l'amour, même dans les cas de la justice la plus stricte, où il n'est question que du bien d'autrui, et non de sa personne, par exemple dans toutes les questions relatives à la propriété, questions de contrats, d'échanges, de prêts, de dépôts, de ventes, où, lorsque la justice est lésée, s'impose la restitution intégrale.

Partout ailleurs où les relations de personnes viennent compliquer ou simplifier les relations de justice, la place et le rôle de l'amour s'amplifient. Il reste vrai que le propre de la justice, à tous les degrés, est de rendre le dû. *Mais ce dû n'est pas de même espèce dans toutes les relations de justice.* Autre est le dû qui revient à un égal, à un inférieur, à un supérieur ; autre le dû qui concerne le bien particulier des individus ; autre le dû qui concerne le bien commun des membres d'une même famille, les citoyens d'une même nation, ou même les citoyens de l'humanité.

Dans le cas du bien commun familial, national, international, il est clair que la justice appelle l'amour, bien loin qu'elle lui soit opposée. Car le bien commun, s'il est le bien d'autrui, de ceux qui sont membres comme moi d'une même famille, d'une même société, voire de l'humanité, est aussi mon bien. L'amour que je lui dois, et qui m'oblige à le servir pour avoir le droit de m'en servir, en assure le respect, et rejaillit sur autrui. Plus je l'aimerai, plus je serai juste envers lui ; plus aussi je serai juste envers les autres qui y ont le même droit que moi.

Que si je passe de l'amour du bien commun, envisagé comme mon bien en même temps qu'il est le bien d'autrui, à la considération des personnes qui font partie comme moi de la famille, de la société, ou de l'humanité, plus la place de l'amour s'élargit, plus son rôle s'accentue à l'égard de la justice. Car les autres, sous cet aspect *de parties d'un même tout*, sont d'autres moi-même ; un sentiment naturel de fraternité me lie à eux et me pousse à les aimer comme moi-même, et, en les aimant, à être au moins juste envers eux, à respecter le bien commun qui est leur bien à eux comme à moi.

Si ce sentiment de fraternité, qui est naturel, n'était pas combattu par des égoïsmes non moins naturels, en un mot s'il était efficace, la justice, qui ne se suffit pas à elle-même, serait assurée parmi les hommes dans leurs relations sociales, nationales ou simplement humaines.

En fait, ce sentiment naturel de fraternité se révèle souvent impuissant, et inefficace ; à cause de cela, les injustices l'emportent sur la justice, d'où la nécessité de faire appel, chez les chrétiens, au sentiment surnaturel de charité.

§ 2

JUSTICE ET CHARITÉ

Le rôle de la charité à l'égard de la justice dans l'histoire de la civilisation chrétienne, c'est un rôle immense, dont il faut s'inspirer, pour rendre à la charité d'aujourd'hui l'efficacité qu'elle a perdue du fait de l'abaissement de la foi et des mœurs, et de la complexité des problèmes sociaux.

Ne pas confondre justice et charité, surtout la justice sociale qui a le bien commun pour objet. La charité n'a pas pour objet le bien d'autrui, mais la personne d'autrui, envisagée individuellement, ou socialement. Ce qui est vrai, c'est que pour être charitable, chrétiennement parlant, il faut au moins être juste ; rendre à autrui ce qui lui est dû, avant de lui

La sympathie marquée pour les doctrines du Catholicisme social se traduit-elle toujours par une action constante et pratique ? Représentons-nous, dans le pays, une force de propagande ?

rendre ce qui ne lui est pas dû. *L'amour des autres* comme moi-même pour Dieu doit donc être le moteur de la justice sous toutes ses formes, commutative, distributive et sociale. Puis il doit dépasser la justice, en ce sens que la charité doit promouvoir la justice, et en étendre le domaine plutôt que d'en assurer simplement l'exécution. L'idéal serait que la justice d'aujourd'hui représentât la charité d'hier, et que la charité d'aujourd'hui devint la justice de demain. Alors il apparaîtrait aux yeux de tous à quel point la charité, sans se confondre avec la justice, et tout en restant une vertu chrétienne, est la plus haute et la plus efficace des vertus sociales.

La Cité sans la loi de charité

Cours du R. P. ALBERT VALENSIN,

Professeur à la Faculté de Théologie de Lyon.

Plus d'une doctrine politique méconnaît la loi de charité. Tel est le cas du marxisme, avec sa théorie matérialiste de l'histoire, et celui du néo-paganisme, qui, sur des bases positivistes, prétend aujourd'hui reconstruire la cité.

Le Noël évangélique, si nous en croyons ces néo-païens, en consacrant le retour du monde aux puissances de sensibilité, aurait obscurci la conception rationnelle de l'ordre. Son message de charité aurait déchaîné les mouvements insensés du démons. Car il suppose Dieu, dont l'idée est, dit-on, essentiellement anarchique et ce Christ hébreu de l'avènement duquel date l'âge de fer.

L'alliance des croyants avec cette école de pensée et d'action pouvait hier encore n'être qu'une duperie. Elle serait demain une trahison.

Sans doute, il y avait au point de départ des tentatives d'alliance, une idée juste devenue une angoisse : celle d'aider les hommes de notre temps à retrouver par delà de trompeuses idéologies la vérité politique. Mais pour les philosophes du néo-paganisme, cette vérité n'est autre chose que phénomène observable et singulier. Au bel instant où elle n'a été qu'elle-même, l'Attique fut tout le genre humain. Ainsi la France. Quand celle-ci passe à travers l'histoire, en éclairant le monde, elle obéit au déterminisme de sa nature. Elle unit ou divise les Français, non pas tant par l'effet de volontés que par celui de réactions physiques. Car les faits sociaux échappent — on nous en avertit avec insistance — à la catégorie du droit et du devoir. Ils expriment seulement les lois dont le chœur procure aux apparences leur harmonieuse beauté. Mais ils permettent ainsi à la raison, quand elle se soumet au déterminisme de ces lois, de saluer dans la patrie la mère et la fille de nos destins.

Dans le contexte de cette philosophie se développent, en de rigoureuses déductions, les enseignements de l'empirisme organisateur. La primauté du politique va devenir un axiome, l'apologie de la violence un lieu commun, toute réaction agnostique mesure de salut public. Mais une vision, faite de rythme est de lumière, est promise aux aristocrates de l'intelligence. Ces classiques goûteront, avant la mort fatale, l'exquise volupté qu'appelle leur désir. Ils contempleront un instant la beauté, qui est le terme des choses: *la beauté sainte, l'harmonie et le chœur des lois traçant l'enceinte des cités.*

Voir dans une pareille doctrine le barrage sacré de l'Occident est plus qu'une illusion. Bâtir sur elle la Cité serait une catastrophe : celle de la civilisation chrétienne.

Entre les théoriciens de l'empirisme organisateur et les catholiques, impossible l'entente. Cette entente impliquerait des équivoques dans le vocabulaire, la pensée et l'action. Les mêmes mots d'ordre d'autorité, de bien commun, d'intérêt public, de tradition, etc., ne signifient point de part et d'autre des choses identiques. Et ni de la France ni de l'Eglise, c'est la même image, que l'on se représente. Pour les uns, le glorieux passé de notre pays n'est qu'une réussite de la nature, un produit de la race, le triomphe de la force. Pour les autres, il est la victoire de la liberté humaine, en même temps que les providentielles miséricordes du Dieu qui aima les Francs. Ici, l'Eglise ne participe au bienfait de l'ordre que dans la mesure où elle fut romanisée par les empereurs latins, puis par la monarchie française. Là, elle est la grande civilisatrice, parce que société religieuse d'origine divine.

Devant ces alternatives, l'effacement est lui-même impossible. Il mettrait en péril la dignité inaliénable de la personne humaine, la solidarité des nations, la suprématie du spirituel, et, par-dessus tout, l'influence sociale de cette loi de charité qui fait que le droit exprime les requêtes d'une justice plus humaine et se rapproche de son propre idéal, qui est la loi divine.

Ni effacement ni entente, si tel est le devoir de la fidélité.

Il faut établir entre les hommes de doctrine et les hommes d'action une collaboration assidue. C'est le seul moyen de donner vie efficace à la doctrine et assises profondes à l'action.

la logique demande que, libres citoyens de leur pays, les catholiques agissent de manière à ce qu'on ne puisse les confondre avec ceux — quels qu'ils soient — qui menaceraient, en des tentatives factieuses, l'ordre chrétien. Et leur action, éclairée par les enseignements de l'Eglise, instruite aux leçons des prudences temporelles, consciente de la véritable tradition française et de l'obligatoire interdépendance humaine, dirigée enfin par la loi de charité vers le service du bien commun, pourrait mettre demain les disciples du Christ au premier rang des bons artisans de la Cité.

Influence de la Charité sur l'Evolution du Droit

Cours de M. PAUL CUCHE

Professeur à la Faculté de Droit de Grenoble

Le titre même de la leçon suppose que l'on n'établit pas de frontières infranchissables entre le Droit et la Morale et qu'on ne range pas les obligations de Justice et les obligations de Charité dans des compartiments sans communication.

Plan. — La première fonction de l'ordre juridique est la personnalité juridique à tout être humain.

La seconde, d'assurer la coexistence, dans la paix, des libertés individuelles et des droits acquis.

La troisième, de coordonner les libertés individuelles en vue du bien commun.

Quel rôle a joué l'esprit de charité dans ces différents plans de l'Evolution du Droit ?

I

L'Esprit de Charité ne postule pas l'égalité sans distinction et sans mesure. Les élans vers l'égalité, qui ont secoué les sociétés humaines à diverses périodes de leur existence, ont eu surtout pour cause le désir de s'élever chez ceux qui étaient en bas. Cependant, il est une égalité qu'impose l'esprit de charité, c'est l'extension à tout être humain de la personnalité juridique, d'où, comme conséquence, l'abolition de l'appropriation de l'homme par l'homme (différentes formes de l'esclavage).

II

La coexistence des libertés individuelles dans la paix implique l'institution des procédures, qui met fin aux débordements de la vengeance privée et la lutte préventive et répressive contre les injustices qui provoquent la vengeance.

Rôle de l'esprit de charité dans l'adoucissement des procédures et dans les différentes institutions juridiques destinées à raréfier les injustices

III

La coordination des activités est imposée par le législateur sous l'impulsion de l'intensification de la solidarité.

La profession tend à se transformer en fonction.

De plus en plus nombreux sont les devoirs d'assistance transformés en obligations juridiques et sanctionnés par la contrainte sociale.

L'esprit de charité n'est pas la seule cause de cette évolution mais il est absolument indispensable au bon fonctionnement des institutions nouvelles.

Les Civilisations non chrétiennes et l'amour du prochain

Cours du R. P. Pierre Charles,

Professeur à la Faculté de Théologie de l'Université de Louvain

Introduction. — Délimitation du sujet. Il ne sera pas question de l'antiquité classique, ni, en général, des civilisations païennes disparues. Le problème qui nous occupe est actuel beaucoup plus qu'historique.

I. — Les Faits

Les civilisations non-chrétiennes, grâce au développement de l'exploration et de la philologie, ont été découvertes — ou redécouvertes — à une époque relativement très récente. Pendant tout notre Moyen Age, on n'a guère vu que l'Islam qui faisait barrière. Depuis lors, et surtout dans la deuxième moitié du xixe siècle, l'ampleur des civilisations bouddhiste et hindouiste s'est dévoilée.

Penser ensemble, pour agir de concert, est une nécessité que comprennent à merveille les démolisseurs, mais qu'oublient trop volontiers les constructeurs.

Aujourd'hui, à ne prendre les choses que de l'extérieur, nous découvrons toute une série de parallélismes entre les institutions charitables du christianisme et les initiatives des non-chrétiens.

Exemples pour le Japon, Ceylan, le Siam, la Chine, les Javanais, les Musulmans et même l'hindouisme.

Le caractère unique, inimitable, de la charité chrétienne est contesté par les Asiatiques, et même par des Africains non catholiques.

II. — Le Problème

Il apparaît aussitôt sous son aspect théorique. Quel est le rapport de cette charité non chrétienne avec la vertu catholique de même nom ?

a) Réponse janséniste : Là où il n'y a pas emprunt fait au christianisme, il n'y a que misérable contrefaçon, hypocrisie vaniteuse et mensonge.

b) Réponse moderniste : La différence entre la charité chrétienne et l'autre n'est que graduelle ; la supériorité du christianisme est simplement relative.

c) Réponse catholique : La charité chrétienne est sans commune mesure avec ce qui n'est pas elle ; elle est unique et absolument supérieure. Et cependant, elle peut avoir été préparée, pressentie confusément et amorcée inefficacement dans des sociétés non chrétiennes.

Exemples : Dans le Chintô, le Bouddhisme, l'Hindouisme, le Confucianisme.

III. — La Pratique

Ayant établi en quoi consiste l'exercice de la charité chrétienne, on montre comment, dans l'apostolat, elle doit apparaître de plus en plus désintéressée.

Aujourd'hui surtout, dans les pays de missions, les sentiments nationalistes et anti-européens se sont avivés. Les Orientaux ne croient plus volontiers à la parfaite pureté des intentions et soupçonnent des arrière-pensées de domination, d'influence, de bénéfices, sous les activités missionnaires les plus charitables.

La même observation vaut d'ailleurs pour la besogne de l'apostolat en pays déjà chrétien.

Conclusion

La cohésion matérielle du monde et des hommes est de plus en plus étroite. De quel esprit sera-t-elle animée ?

Comment ouvrir les âmes
à l'Intelligence de la Loi de Charité

Cours de S. G. Mgr JULIEN,
Évêque d'Arras, de l'Institut

Double origine de la loi de charité : la nature et la Révélation.

La charité est une loi divine et humaine. Mais elle n'est pas toujours bien observée, parce que mal comprise. *Beatus qui intelligit super egenum et pauperem*. Il y a des contrefaçons de la charité, parce que les actes de charité manquent de l'esprit de charité.

Comment ouvrir les âmes à l'intelligence du précepte de la charité ? D'abord définir la charité, une disposition habituelle à se soumettre au commandement formel et spécifique d'aimer et de secourir le prochain, une volonté droite et pure pour rapporter les actes de charité, dans leur diversité même, à leur principe, qui est l'amour de Dieu, enfin une règle d'action qui non seulement a son domaine propre, mais embrasse tous les devoirs de la vie morale.

Le précepte de la charité est clair : Aimer Dieu plus que nous-mêmes, et notre prochain comme nous-mêmes. Aimer, c'est vouloir du bien à ceux que l'on aime, le bien qui leur est nécessaire ou utile. De là l'aumône, forme la plus ordinaire de la charité. Il faut se reporter à l'enseignement de Notre-Seigneur, complété par celui des apôtres et des Pères de l'Eglise. Le précepte n'est pas dans l'aumône seule ; il est dans l'esprit qui inspire le geste. C'est l'esprit qui donne de la valeur au don, et qui ennoblit la pauvreté autant que la richesse. Voir Jésus-Christ dans le pauvre, voilà ce qui distingue la charité de ses contrefaçons. Peut-être, les chrétiens eux-mêmes ont-ils oublié au nom de quel amour ils aiment les pauvres.

*
* *

Connaît-on bien le domaine de la charité ? Ne se croit-on pas quitte envers la charité quand on a établi dans son budget la part des aumônes ? Jamais, il est vrai, cette forme de la charité n'a été plus en honneur. Elle a pris une expression presque illimitée ; aux œuvres anciennes s'ajoutent des œuvres nouvelles. Mais les œuvres sont-elles tout le royaume de la

Si, depuis vingt ans, tous les auditeurs des Semaines Sociales habitant nos grandes villes ou nos centres ruraux étaient restés en contact pour étudier et agir, le Catholicisme social aurait aujourd'hui une force irrésistible.

charité ? Non, le précepte de la charité étant l'amour de Dieu, et son corollaire, l'amour du prochain, s'étend à toute la vie religieuse et morale des humains. La charité est une vertu à part, qui ne prend la place d'aucune autre ; seulement, elle pénètre toutes les autres de son esprit. Tel est le rayonnement de la charité que si elle était pratiquée par l'unanimité des hommes, elle tiendrait lieu de tout le reste. C'était le rêve de saint Augustin s'écriant déjà : « Aimez, et faites tout ce que vous voudrez ! ». Mais c'est un idéal qui n'a pas besoin d'être réalisé tout à fait pour que la terre en ressente l'influence apaisante.

La charité nous obligeant à aimer nos semblables et à leur procurer, selon notre pouvoir, les biens que nous souhaitons pour nous-mêmes, reste à savoir dans quel ordre nous devons placer, soit les personnes, soit les biens. Il y a une hiérarchie des sentiments de charité qui évolue dans l'espace, et une autre qui repose sur l'échelle des valeurs.

La charité bien ordonnée commence par soi-même, dit le proverbe, et c'est vrai, pourvu qu'elle ne se termine pas là. Mais l'individu n'est pas seul, il appartient à une famille, à une nation, à l'humanité. Il a des devoirs qui le subordonnent à ces groupements. Et la charité lui fait une loi d'aimer au-dessus de lui et plus que lui-même les sociétés restreintes ou plus vastes sans lesquelles il ne serait pas l'homme parfait qu'il doit être.

Ici une remarque s'impose. L'ordre des services ou des actes de charité est en raison inverse de la gradation de la charité elle-même. C'est le *prochain*, pour reprendre le mot du Christ, qui sera le premier servi. En effet, on sert Dieu, l'humanité, la patrie en développant dans chacun, à commencer par soi-même, l'idéal de l'homme tel qu'il doit être. Elever le type humain, c'est tout relever en même temps, individu, famille, patrie, humanité.

Donc, à tous, envers tous, il est commandé d'exercer la charité. Mais qui est le prochain ? Demandez à la parabole du bon Samaritain. Le prochain est celui qui a besoin de vous, quelle que soit sa couleur, son pays, sa race et son opinion. Est-il besoin qu'il soit blessé ? Non, il y a des services qui sont la petite monnaie de la charité. Règle générale : Faites à autrui ce que vous voudriez que l'on vous fît à vous-même. La charité fait *prochain* tout ce qu'elle aime. Famille, cela va sans dire, corporation, patrie, si la patrie appelle ses enfants à la frontière — sacrifice suprême, charité la plus haute — humanité, si vous êtes destiné à porter la bonne nouvelle du missionnaire à ceux qui sont assis à l'ombre de la mort.

A remarquer encore. La charité ne s'adresse pas à de vagues abstractions : elle embrasse toute l'humanité, mais elle applique ses bienfaits à l'individu, ou du moins à des hommes concrets. Elle reste dans le plan divin : que veut Dieu ? Le salut de chaque âme. Et que veulent les institutions et les gouvernements bien ordonnés ? Le bonheur des citoyens. Tout monte vers une organisation meilleure des sociétés, mais pour redescendre au profit des individus. Tout se résout à aimer le bien de tous par le bien de chacun.

∴

Il existe pourtant une hiérarchie des biens ou des valeurs qui s'impose à la charité elle-même et la dirige dans les services qu'elle rend aux personnes. Tout en bas, le corps et ses besoins ; au-dessus, l'esprit et ses exigences ; le bien particulier et le bien social ; la justice en deçà des frontières et la justice au delà ; la force, instrument de la justice ; la vérité scientifique et la vérité religieuse ; le bonheur temporel et le bonheur éternel.

En tant que ce sont là des biens, ils relèvent de la charité qui les souhaite à tous et contribue à les procurer. Tous ces biens sont solidaires. Mettre le corps à l'aise, c'est seconder l'esprit, et ainsi du reste. Mais tous ces biens ne sont pas donnés à l'homme sans peine et sans lutte. Un élément nouveau, la lutte, intervient. Formation de la personnalité qui demande à être forte pour s'affirmer et se défendre au besoin. Mais la charité a son rôle. Force, soit, mais force au service du droit. Voyez le scoutisme chrétien.

La justice a pour but la résistance au mal. Oui, mais la charité peut adoucir la justice. Les conseils évangéliques sont affaire privée. Oui, mais ils pénètrent la législation. La justice est arrêtée aux frontières, la charité les franchit, et qui sait ? Elle obligera les nations à recourir à une justice internationale.

La justice est entrée dans les lois qui régissent le travail et procurent aux travailleurs la sécurité du lendemain. C'est la charité qui lui a montré le chemin.

Mais contradiction et combat. De même dans la recherche de la vérité. Controverses, polémiques ; la vérité est plus chère à ses servants que Platon. La charité proteste contre les excès de parole et de plume. Et puis chacun veut se faire sa vérité,

La collaboration entre les auditeurs anciens ou nouveaux des
Semaines Sociales doit s'organiser par ville et par région. Elle facilitera
le recrutement des auditeurs et la diffusion des enseignements des
Semaines.

sa religion à soi. Anarchie et confusion. Les uns bornent le bonheur à l'horizon terrestre, et ils prêchent la haine et la guerre des classes. L'envie est en bas, et parfois en haut. Fut-il jamais plus nécessaire de ramener la charité parmi les hommes ?

La Charité source de progrès social

Cours de M. Robert Garric

Agrégé de l'Université, Directeur de la « Revue des Jeunes »

I

La Charité est à la base de tout progrès social parce qu'elle est la seule force qui lutte efficacement en nous contre l'*égoïsme*, et l'histoire des progrès sociaux se confond avec l'histoire de la charité dans les âmes.

Tout progrès social est né de cette inquiétude, de cette insatisfaction, qui pousse l'homme à sortir de soi, à considérer le sort d'autrui, à prendre conscience des différences, des privilèges, des injustices. La Charité apprend le détachement et le souci d'autrui.

Souci des corps et des besoins matériels, qui fait lutter contre la misère, le taudis, la maladie, les privations, — qui fait construire les hôpitaux et les asiles, qui inspire Saint Vincent de Paul quand il crée les Filles de la Charité et Ozanam quand il envoie les membres de ses conférences faire la visite des pauvres.

Souci de la dignité humaine, qui nous fait combattre un état social inférieur (esclavage) ou des conditions inférieures de travail. Les catholiques sociaux qui ont travaillé à obtenir pour les salariés de meilleures conditions de vie (repos dominical, contrat de travail, durée du travail, etc.), ont été mus par cette Charité. L'arrivée du P. de Foucauld au désert, où le conduit le souci des âmes, c'est d'abord une victoire de la civilisation et du progrès.

Souci des âmes, dont un véritable amour apprend le prix, et fait déplorer l'état d'ignorance ou d'abaissement (lutte contre

le matérialisme dégradant, — œuvres d'éducation, d'enseignement).

II

Rien de grand et de durable ne se fait dans l'ordre social
sans la charité. Mais, à cette heure où trop de préjugés défor-
ment tant de notions justes, ne confondons point cette charité
active avec un sentimentalisme facile, anarchique et diffus, —
avec une philanthropie pratique, qui peut fort bien être le
masque de l'avarice et de cupidité, — avec un sentiment vif
mais desséché d'une justice exacte et matérielle, que rien n'hu-
manise et n'attendrit.

La Charité vraie est Amour, don de soi, sentiment poignant
de la fraternité humaine, et gratuite. Née du Christ, elle s'achève
en Lui, et prend en Lui tout son sens. Elle s'exprime dans le
chant d'amour d'un saint François d'Assise, ou dans l'instruc-
tion donnée par saint Vincent aux Missionnaires ou aux Filles
de la Charité.

Ne nous laissons pas tromper par de faux vocables ; et
sachons reconnaître sous ce mot facile de *solidarité*, qui a
séduit tant d'âmes généreuses, le grand appel d'amour que le
Christ a apporté et baptisé.

III

La Charité ainsi entendue, ainsi divinement conduite, ne
pousse pas seulement à travailler au progrès social; elle donne
seule les moyens et les dispositions d'âme nécessaires pour que
ces progrès soient durables.

A celui qui veut travailler au progrès social, elle donne ce
goût du bien des autres et en même temps ce détachement, sans
lesquels il n'est pas d'action sociale profonde; elle inspire, pour
ceux que l'on veut aider, de quelque manière que ce soit, les
mesures ou les paroles qui peuvent soutenir sans blesser et
guérir sans humilier ; elle inspire aussi cet optimisme, cette
confiance en ceux que l'on aime, qui détermine leur propre
confiance et souvent leur progrès.

Elle place en plein réalisme chrétien, c'est-à-dire qu'elle permet de trouver les mesures de progrès véritables, non théori-
ques mais humaines, susceptibles de durer ; elle aspire moins
à un changement rapide et brutal, fauteur de nouvelles injustices, qu'à un changement progressif, dû à une orientation
nouvelle des âmes, car c'est dans l'âme que la Charité travaille,
et son action sociale est la seule qui n'appelle ni régression ni
revanche.

IV

Le danger serait grand d'une civilisation matérielle, d'où la Charité serait exclue et d'où l'on essaierait de chasser l'âme. Il est évident que le progrès moral et spirituel nécessite des conditions matérielles suffisantes ; mais à quoi servirait le seul progrès matériel, si l'amour en était exclu ?

Tel est le levier puissant de la Charité : elle n'apprend pas seulement à donner, mais à se donner ; dans l'homme, elle fait envisager l'âme qui attend, et le Christ même ; le souci d'une plus grande dignité spirituelle donne son vrai sens à tout effort vers le progrès.

Ainsi, la prière même est un acte social par excellence ; du fond des cloîtres, les religieux et les religieuses tournés vers le monde l'aident dans sa marche, de la même manière que l'oraison d'une sœur de charité l'aide dans ses visites aux pauvres et aux malades. C'est la jonction parfaite de la Charité amour de Dieu et de la Charité amour des hommes, — Saint Vincent de Paul en est pour nous le plus parfait modèle.

Et que penser d'un progrès social, que ne cesserait pas de vivifier et d'animer la Charité, pour combattre l'égoïsme sans cesse renaissant au cœur même du progrès et derrière les corps atteindre les âmes !

La Charité au service de la Vérité

Cours de M. Jean Guitton,

Agrégé de l'Université

On partira de l'objection qui, dans le monde contemporain, a pénétré l'opinion, l'enseignement, les cercles politiques, certaines confessions chrétiennes elles-mêmes. La parfaite charité envers la vérité serait la tolérance des idées les plus diverses et les plus contraires. La vérité est en devenir. L'Eglise, comme toute école dogmatique, figée dans ses formules, lourde de son passé, ne peut avoir, dans le domaine de l'esprit, une attitude vraiment humaine.

Pour faire face à cette difficulté, proposée chaque jour sous mille formes variées, on pourrait montrer comment l'Eglise catholique, en possession de la vérité, met la charité à son service, mais ce serait encore un rapport extrinsèque. Nous préférons nous placer, pour ainsi dire, à l'intérieur de la vérité aimée, recherchée, découverte, et montrer par quelles étapes, mieux connue et mieux comprise, elle s'épanouit naturellement en charité plus efficace.

.*.

Considérons donc le penseur dans la solitude de la recherche. « Vous ne pouvez comprendre, dit-on parfois aux chrétiens, ce qu'est la recherche, puisque vous êtes assurés dès le principe, de posséder la vérité intégrale et exclusive. La vérité, pour nous, est un point d'arrivée, situé très loin dans l'avenir; à vos yeux, c'est un point de départ. »

Ceux qui parlent ainsi n'ont pas saisi ce que sont, dans l'ordre moral et religieux, la recherche et la découverte intérieures. Celui qui cherche ne part pas d'un état d'indifférence totale. Il a des tendances à satisfaire, des devoirs à remplir, il est déjà orienté vers l'absolu qui dirige sa nature sans qu'il en ait une conscience réfléchie. D'autre part, celui qui a trouvé n'est pas délivré du devoir de la recherche, mais seulement de ses incertitudes et de ses risques. Pour s'approcher du mystère auquel il adhère et qui est d'Infini réel, il doit accomplir un travail qui enveloppe et qui exige une recherche continue. Aussi peut-il avoir pour celui qui cherche sans avoir encore trouvé une sympathie profonde. L'exemple du cardinal Mercier peut nous montrer que le chrétien, dans la cité des esprits comme dans la cité sociale, parmi les Etats comme parmi les Eglises, est en avance sur ceux qui ne partagent pas toute sa croyance, parce que seul il a fait faire à sa raison son dernier effort.

.*.

Si celui qui cherche la vérité est isolé, celui qui vient de la trouver est entouré d'une multitude invisible. La vérité d'ordre moral et religieux, en effet, est un bien commun de l'humanité : on ne peut l'avoir sans vouloir la donner. Toute vérité est une mission. Plus haute et plus profonde la vérité aperçue, plus cette mission sera vaste et désintéressée. La vérité, pour les philosophes grecs, ne devait être réservée qu'à un petit nombre de disciples; les chrétiens la prêchent à tout l'univers.

Mais cette communication de la vérité n'est pas aisée. Nous ne pouvons penser la vérité qu'à l'aide des idées générales,

toujours plus ou moins abstraites ; or nous trouvons devant nous, non pas des êtres de raison, mais des personnes. C'est ici que la charité entre efficacement au service de la vérité. Il serait à craindre que ce service nuise à la vérité ; mais il va se trouver au contraire que dans l'effort où elle se donne, la vérité se retrouve plus solide et plus pure. Il est très remarquable en effet que le travail que nous impose la charité est bienfaisant et nécessaire pour la vérité elle-même.

I

D'abord parce qu'il nous oblige à définir et à prouver c'est-à-dire à armer la vérité de ses témoignages, de ses motifs, de ses raisons. La vérité, sans doute, porte en elle-même une puissance de conviction et de conversion qui est la marque à laquelle elle se reconnaît ; mais elle ne peut se répandre par une contagion sociale ni par un appel à l'expérience mystique. La charité exige que nous lui donnions les assises rationnelles grâce auxquelles elle pourra s'imposer à tout esprit libre de préjugé et à toute volonté droite. Mais précisément cet effort pour connaître les motifs de la foi et pour en élargir les bases nous permet de rencontrer le point exact où une extrême tolérance peut se concilier avec la rigueur d'une conviction exclusive.

II

Ensuite parce que toute mission nous aide et nous oblige à séparer la vérité de sa formule. Une tendance naturelle à l'esprit humain nous porte à mêler à la vérité entrevue les théories et les préjugés d'une école, d'un parti, d'un milieu, d'une époque. C'est, en un sens, une nécessité qui tient à la nature même du langage et aux cadres de la vie sociale. Mais grâce à la charité, nous nous dépouillons de ces formes. On montre, à ce sujet, comment l'enseignement de saint Thomas, qui distinguait déjà entre les faits et les théories toujours provisoires, aurait empêché, s'il avait été mieux compris, la condamnation de Galilée « comme absurde en philosophie ». L'erreur vient en effet essentiellement de ce que l'on systématise des vérités partielles, de ce que l'on confond le certain, le probable et le possible, de ce que l'on repousse toute perspective dans la présentation de la pensée. La charité, en nous gardant de ces hâtes ou de ces outrances, soustrait nos idées au vieillissement.

III

Mais, en même temps, et par un mouvement complémentaire, comme l'homme ne peut penser sans formules et sans termes, agir sans groupes et sans partis, c'est un devoir d'adopter le langage et la mentalité de ceux que nous voulons gagner. Parfois nous aurons même à consentir à des formes périmées, si des âmes vivantes y sont attachées : exemple donné ici par saint Paul dans sa conduite avec les Juifs. Le plus souvent, c'est à des usages nouveaux, à des conceptions nouvelles qu'il nous faudra souscrire. Il y a lieu de définir ici en quel sens nous avons le devoir d'être modernes. Il ne s'agit pas d'adapter une vérité ancienne au monde moderne, mais de tirer du trésor de la vérité éternelle les aspects qui conviennent à ce monde, de montrer qu'elle en peut satisfaire le désir. Cet effort enrichit la connaissance que nous avons de la vérité, nous aide à concevoir son infinie richesse.

•
• •

Nous sommes maintenant préparés à aborder une difficulté plus grave, mais qui nous permettra un nouvel approfondissement. Ce devoir de respect des consciences, de déférence envers les usages, nous amène, en effet, à comprendre qu'il y a, comme l'a souvent exprimé Newman, « une économie » à garder dans la prédication de la vérité. Les esprits sont soumis au temps : ils mûrissent lentement, et ils ne sont pas aptes à porter tous au même moment toutes les vérités : d'où cette patience qui est la fleur et le fruit de la charité.

Il y a des erreurs d'ordre physique ou historique qui sont, pour une multitude, l'enveloppe qui renferme une vérité de l'ordre moral et religieux infiniment supérieure, et essentielle au salut. On reprend à ce sujet l'examen de la condamnation de Galilée, et l'on montre que les âmes sont d'un plus haut prix que les parcelles de vérité critique que nous pouvons leur apporter.

•
• •

Si nous avions examiné d'abord la recherche solitaire de la vérité, nous sommes conduits maintenant à reconnaître que la charité lui est encore supérieure : elle mesure, règle, domine tout. Alors que nous ne pouvons connaître Dieu ici-bas qu'à travers des voiles, la charité nous permet de Le saisir et de L'embrasser d'un amour qui n'acquerra d'autre perfection dans la gloire qu'une immuable stabilité.

A l'origine des Semaines Sociales, on trouve l'initiative et l'influence d'une Revue : « La Chronique Sociale de France » qui reste l'organe des Semaines. Pour se tenir en liaison avec le Mouvement du Catholicisme social, le meilleur moyen est de s'abonner à la « Chronique ».

Aumône et Assistance sociale

Cours de M. Joseph Zamanski

*Président de la Confédération des Professions Libérales,
Industrielles et Commerciales*

Dans une Semaine toute attentive à rendre au mot charité son plein sens d'amour fraternel animant tous nos rapports sociaux, il faut montrer ici que cependant, pris en un sens étroit, l'aumône, il sonne encore d'un son sublime : c'est le verre d'eau en retour duquel est promis le royaume éternel.

L'aumône est une application de la loi qui régit la création : Dieu a donné les biens de la terre à tous ses enfants ; il sont communs quant à l'usage. Les riches sont les intendants de la Providence. Et sans que celui qui manque ait un droit déterminé contre personne, celui qui surabonde a le devoir de donner.

Quelle fresque magnifique on pourrait brosser du geste chrétien depuis deux millénaires ! On y verrait passer, depuis les sept diaconies instituées par les Apôtres eux-mêmes, les plus grandes figures de l'Eglise, les actes héroïques des saints de la Charité, les fondations des princes et des pieux laïques. Le christianisme a organisé la charité aumônière, comme au travers des conflits d'intérêts, d'influences et de classes, il a organisé les rapports sociaux.

La société d'aujourd'hui, plus imprégnée encore de christianisme qu'on ne le croit, malgré tant d'infiltrations païennes, placée devant une vie autrement complexe que l'existence d'autrefois, s'ingénie à organiser elle aussi la charité moderne. Sans doute il y aura toujours des misères exceptionnelles, que seule pourra secourir la charité individuelle, mais l'aumône apparaît de plus en plus à nos contemporains comme un service public, ce qui ne veut pas dire d'ailleurs qu'elle est de la seule compétence de l'Etat. L'Etat a un rôle d'assistance à remplir, mais il doit surtout aider les collectivités et leur assurer la liberté, seule condition du perfectionnement et du progrès. Ce service charitable évolue vers les institutions qui prévoient et préviennent le mal, au lieu d'attendre pour le guérir ; il va, de la charité individuelle, vers l'assistance légale, puis le service social, pour aboutir à la prévoyance obligatoire. Il ne vise plus seulement à secourir l'individu, mais à faire progresser la collectivité ; l'aumône réparatrice cède la place à l'aumône organisatrice.

Aussi bien dans le domaine de la charité privée, comme les Conférences de Saint-Vincent-de-Paul, que dans celui de la charité publique, comme l'Assistance publique, cette évolution est frappante.

On le saisit autant sous les formes de l'aumône intellectuelle que nous présentent le grand effort des catholiques en faveur de l'école, l'enseignement populaire, l'éducation des militants du monde du travail, l'activité missionnaire, que sous l'aspect des concours si divers donnés à l'organisation de l'existence matérielle des travailleurs et qui sont compris aujourd'hui sous le nom de « service social ».

Pour aider pleinement cette évolution bienfaisante, le droit de fondation doit pouvoir s'exercer librement, et le respect du droit de la charité appelle une pleine reconnaissance du droit d'association.

Car c'est du cœur de chacun que monte l'élan de charité et c'est du superflu de chacun que sont faites les ressources dont s'alimentent les institutions charitables.

Bien des illusions, certes, viennent fausser la notion qu'on se fait du superflu destiné aux déshérités. Le luxe effréné et l'amour de la jouissance tarissent trop souvent les sources de la bienfaisance.

Et, d'autre part, combien souvent le don de ce superflu est mal sollicité ! Combien de spectacles et de fêtes douteuses viennent couvrir les nobles buts qu'on se propose ! C'est quand il est donné au nom de Jésus-Christ, et non pour quel plaisir ! que le verre d'eau vaut son centuple.

Cette société qui se rue vers la volupté ne sera pas sauvée par quelques pièces jetées en rançon, mais par dix justes qui auront beaucoup aimé Dieu et leurs frères.

La Collaboration des particuliers aux Lois sociales

Cours de M. Jean Lerolle
Président du Secrétariat Social de Paris

Ce serait une erreur de croire que les lois sociales ont en elles-mêmes une telle force impérative qu'elles se suffisent à elles-mêmes. Pour atteindre leur pleine efficacité, elles ont besoin de l'adhésion de l'opinion et de la collaboration active des citoyens.

Il importe d'abord que l'opinion soit préparée à la réforme que réalisera la loi sociale. Faute de cette préparation, la loi risque de se heurter à l'incompréhension ou à l'indifférence, et d'aller grossir le nombre des lois inappliquées.

Est-il besoin de rappeler à ce sujet comment fut préparé le vote des lois sociales sur le travail des femmes à domicile, ou sur la suppression du travail de nuit dans la boulangerie ? Ce sont les campagnes menées par les grands groupements sociaux qui préparent l'opinion à les accueillir. Au contraire, pour ne citer qu'un exemple, la loi sur les retraites ouvrières se heurte à l'opposition ou à l'indifférence d'une opinion insuffisamment préparée.

La loi, une fois votée, une double tâche incombe à l'effort des citoyens et des groupements sociaux :

1° Faire connaître la loi, ses avantages, ses conditions d'application. Trop de lois sont insuffisamment connues, faute de cette propagande nécessaire, de ceux mêmes pour qui elles ont été faites ;

2° Collaborer à l'application de la loi, en participant à la création des institutions nécessaires à son fonctionnement.

La récente loi sur les Assurances Sociales fournit tout spécialement un exemple de cette collaboration nécessaire des particuliers à l'application des lois sociales. Cette loi suppose en effet, plus que toute autre, le concours actif des citoyens. Elle n'est pas une loi de fonctionnaires ; elle repose tout entière sur la collaboration des intéressés. De leur concours dépendra son succès ; leur abstention entraînerait fatalement son échec.

Il y a là, pour les partisans de la législation sociale, et pour les catholiques en particulier, une admirable occasion de montrer leur dévouement au progrès social, qu'il ne leur est pas permis de négliger.

Le futur régime des Assurances sociales et la Famille

Cours de M. Adéodat Boissard

Dès leur première session de Lyon, en 1904, les Semaines Sociales avaient proclamé la nécessité d'un régime généralisé d'assurance sociale obligatoire.

De la théorie du *salaire vital*, elles avaient déduit le droit, pour le travailleur, à la garantie des risques d'incapacité de travail encourus par lui.

De la doctrine du *salaire familial*, elles avaient conclu à l'obligation d'étendre cette garantie aux membres de la famille du travailleur.

L'étude des dispositions de la loi du 5 avril 1928 permet de constater quel chemin ont fait, dans les esprits et dans les réalisations, ces idées qui, en 1904, paraissaient si nouvelles et, à certains, si subversives.

La critique de ces dispositions fera apparaître ce qu'elles ont encore d'incomplet et dans quel sens il y aura lieu d'en chercher le développement.

La Charité dans la Vie économique

Cours du P. Danset

Nous entendons bien faire dire à ce titre tout ce qu'il signifie: dans une société chrétienne, ce n'est pas seulement « au-dessus » ou « à côté » mais encore au cœur même de la vie économique que se situe la charité, de là elle rayonne sur tout le froid domaine du « mien » et du « tien ».

I

Rappelons brièvement la doctrine catholique sur l'unité providentielle de la vie économique et de la vie morale, et l'ennoblissante subordination de la première à la seconde. « Ennoblissante », car si — sans, pour autant, confondre les domaines, — elle assujettit l'activité économique à la règle morale, ce

La Semaine Sociale va finir. N'avez-vous rien oublié? La sous-
cription au compte rendu? Un coup d'œil aux éditions de la Semaine
Sociale? L'abonnement d'essai à la « Chronique Sociale »?

n'est que pour hausser chacun des actes de cette activité à la dignité d'un acte de vertu morale et lui en valoir le mérite.

Parmi les vertus sociales, la justice et la charité touchent plus particulièrement notre matière. Elles diffèrent entre elles par leur espèce et cette différence ne saurait être trop marquée dès qu'il s'agit de revendication et de restitution. Mais les distinguer ne peut aller jusqu'à les isoler l'une de l'autre. Dans le cours de la vie vertueuse, un rapport réel unit ces deux vertus : « la justice exclusive de la charité cesse d'être justice » (Vermeersch); la charité, dont le domaine déborde de partout celui de la justice, aide encore, achève et complète celle-ci. Justice aimante et aimée, autrement perspicace, délicate et efficace que la justice aux yeux bandés, et seule capable d'instaurer cette paix, splendeur de l'*Ordo amoris* qu'entrevoyait saint Augustin.

II

Application de cette doctrine à quelques-unes des formes d'activité de la vie économique : échanges, production et usage des biens matériels... Sur tous ces points, l'erreur libéraliste n'a abouti qu'à éterniser la guerre, et le seul respect d'une justice qui s'obstinerait à ignorer la charité ne réussirait pas à y fixer durablement la paix. Il y faut, de toute nécessité, cette charité véritable qui, sans se substituer à la justice, en implique et en facilite l'observation.

a) *Vie des échanges.*

Rien n'oppose plus farouchement entre eux les individus ou les nations que les survivances du vieil esprit mercantiliste qui, dans la vie des échanges, ne conçoit l'enrichissement des uns que par l'appauvrissement des autres. Pourvu qu'ils s'y prêtent, rien au contraire ne les rapproche plus sûrement que notre doctrine traditionnelle du juste prix, ménageant à la fois les intérêts des deux contractants et conciliant le bien de chacun avec le bien de tous. Qu'il s'agisse de marchandises ou de services, ce juste prix est arrêté, en dernière analyse, par une « estimation commune » tout imprégnée de modération. Mais cette modération d'où naîtrait-elle, sinon de cet esprit de charité qui nous découvre, dans les autres, d'autres nous-mêmes ?

b) *Production.*

L'évolution capitaliste ne pouvait pas ne pas aboutir à accuser toujours davantage la distinction entre capitalistes et producteurs. L'égoïsme aidant, cette distinction a donné ouverture à des séparations et à des oppositions d'intérêt, anti-économiques au premier chef. Le rétablissement d'une collaboration féconde, entre tous les agents de la production, suppose une compréhension mutuelle qui ne vas pas sans sacrifices. D'où attendre cette lumière et ces forces sinon du véritable esprit de charité ?

c) *Usage de la propriété.*

Institution essentiellement sociale, la propriété privée qui attribue au légitime possesseur un droit exclusif sur ses biens, grève l'exercice de ce droit d'une charge sociale ; ainsi répond-elle aux vues providentielles qui firent d'elle le canal nécessaire et l'instrument indispensable d'une équitable distribution des ressources communes. Mais comment cette « équitable distribution » se réaliserait-elle, en fait, sans l'aide de cette vertu qui porte l'homme à sortir de lui-même ?

A voir combien la vie des sociétés devient économique et sans rien diminuer de la place suréminente qui revient à la vie proprement religieuse, est-il téméraire de conclure que « la mesure de christianisme dont s'imprègneront les sociétés modernes sera en proportion du christianisme dont s'imprègnera leur activité économique, dont s'inspireront l'organisation du travail et le régime des richesses » ?

La Charité et les Conflits de la Vie civique

Cours de M. Charles Flory

Ancien Président de l'Association Catholique de la Jeunesse Française

Est-il possible, est-il souhaitable d'introduire la charité dans les conflits de la vie publique ? Le choc des passions y revêt l'importance des enjeux spirituels et temporels qui y sont engagés. Et la passion est légitime quand elle est mise au service des nobles causes.

« Un coup de sabre à propos est une grande charité », disait Louis Veuillot : un idéal supérieur de charité ne commande-t-il pas d'exclure des conflits de la vie publique une charité qui ne serait que faiblesse ?

I

Ce serait une grave erreur que d'entendre la loi de charité en ce sens, tout passif, d'esprit de concession ou de mansuétude. Dans la vie civique, comme en tout autre domaine, la

charité est essentiellement génératrice d'activité et de dévouement. Et son rôle est d'autant plus nécessaire que les intérêts en cause sont plus importants. A l'égard des conflits qui en décident, la charité interdit d'abord l'indifférence dont Bossuet disait qu'elle est le crime de Caïn.

1. Il se peut que les membres d'une Société civile ne disposent d'aucun moyen normal pour échapper à une oppression intolérable et faire triompher les intérêts dont ils ont la charge. Il est des cas où l'insurrection est « le plus sacré des devoirs ».

Obligation de plus en plus théorique, il est vrai. Il serait bien difficile de citer, dans l'histoire, des cas concrets où, incontestablement, se trouvaient réunies les conditions qui, d'après les règles fixées par l'Eglise, pouvaient légitimer une entreprise révolutionnaire.

2. Mais des moyens légaux s'offrent généralement à nous pour intervenir dans la vie publique. C'est le mérite des institutions démocratiques que de donner une expression normale aux intérêts en présence. Mais c'est alors un devoir que d'exercer ses droits de citoyen et — lâchons le mot — de faire de la politique. Le service des intérêts nationaux comporte, en temps de paix comme en temps de guerre, le sacrifice de notre tranquillité ou de certains avantages personnels.

II

La charité nous interdit de nous dérober aux conflits de la vie publique. Elle détermine encore l'esprit dans lequel il y faut intervenir.

1. C'est d'abord un esprit de complet désintéressement au service de la vérité et de la justice.

Ce n'est pas chose aisée que de déterminer, en pareille matière, où est la vérité et la justice. Le grand danger, précisément, est d'ériger en absolu des solutions qui ne sont jamais que relatives et contingentes ou encore d'associer à un idéal supérieur et incontesté des conditions de réalisation qui ne relèvent que de la prudence humaine, quand ce n'est pas du sens propre et de la passion. L'histoire contemporaine est pleine de confusions de cet ordre — origine de malentendus qui pèsent souvent sur plusieurs générations.

Il faut donc se garder des systématisations abusives. Ainsi se trouvera exclue, le plus souvent, une attitude de violence que l'on prétend justifier par une certitude dogmatique ou scientifique qui n'existe pas en matière politique. Il sera plus facile aussi de reconnaître quelque valeur aux opinions des autres. Or, il n'y a pas de charité sans un effort de compréhension loyale, appliqué aux thèses de l'adversaire et, à plus forte raison, aux positions plus voisines. La vérité y gagne d'ailleurs, autant que la justice : « On n'entre dans la vérité que par la charité », a dit Pascal après saint Augustin.

2. Mais ce souci sincère de la vérité et de la justice doit encore s'accompagner du respect des personnes.

Les fins morales des personnes dépassent les destinées de la patrie terrestre et c'est elles, en définitive, que poursuit notre sollicitude civique. Nous ne pouvons donc les sacrifier ni à la raison d'Etat, comme nous le demandent le nationalisme d'une part ou le collectivisme de l'autre, ni à des solutions qui peuvent paraître abstraitement vraies et justes, mais qui, dans la réalité concrète, ne sont, nous l'avons vu, ni la vérité ni la justice.

La charité commande donc de s'abstenir de la violence, en dehors des cas très limités de légitime défense, et elle préférera toujours la méthode de persuasion et de collaboration à la méthode de refoulement et de contrainte.

Elle impose aussi de faire confiance à la bonne foi d'autrui et de ménager les personnes en combattant les opinions. Sans doute, la charité elle-même peut commander parfois d'éclairer l'opinion sur les tares d'un homme public dont l'action serait nuisible au pays. Mais rien n'autorise à user de la calomnie pour disqualifier un adversaire (ce qui serait d'abord manquer à la justice), ni à substituer aux débats d'idées les procédés trop habituels de la polémique personnelle.

Peut-être apparaîtra-t-il à certains que, dans les conflits de la vie publique, la loi de charité expose ceux qui la respectent à une intolérable infériorité. Cela serait-il qu'ils n'en seraient pas dispensés. Mais cela n'est pas, puisque le premier effet de la charité est de les éloigner d'une attitude négligente et boudeuse qui les priverait de toute influence. Et du simple point de vue de la prudence humaine, le meilleur moyen de faire triompher un idéal n'est-il pas de le rendre aimable en consentant à la charité bien comprise des sacrifices qui tôt ou tard produiront leurs fruits ?

Vous continuerez chez vous la Semaine Sociale, en propageant et
réalisant ses doctrines. Mais, comme ici, faites-nous part de vos
désirs, de vos projets, de vos succès. Merci !

Patrie et Humanité

Cours de M. Maurice Blondel.
Professeur à la Faculté des Lettres de l'Université d'Aix

Si le rapprochement même de ces deux mots : *Patrie, Humanité*, suggère l'idée d'une difficulté, ne faut-il pas indiquer d'abord ce qui fait problème ? Et même, comme il s'agit de deux saintes causes, de deux amours qui semblent concentriques et harmoniques, suffira-t-il d'expliquer comment des conflits sont possibles et doivent être apaisés ? Ne faudra-t-il pas, au lieu de les concilier simplement, montrer comment patrie et humanité se vivifient l'une et l'autre, l'une par l'autre, loin de laisser croire qu'on ne peut accorder à l'une que ce qu'on retire à l'autre ?

I. — En un tel examen, l'on est tenté de procéder, par abstraction, à partir d'un individualisme égoïste ou collectif, qui se couvre des vêtements du droit et de la justice. Mais ces vêtements, si adaptés qu'ils soient, d'ailleurs, dissimulent le vif du problème, si bien qu'en nous y tenant nous n'aboutirions pas à la solution requise. Aussi, sans discréditer aucun des arguments traditionnels qui justifient séparément notre amour patriotique et nos obligations humaines, nous avons à envisager encore d'autres perspectives.

II. — Partant, non de l'individu ou de la nation considérés comme des atomes à faire cohabiter avec d'autres atomes qui auraient à composer par addition, cet être de raison qui est objet de culte pour l'humanitarisme, mais prenant en sa réalité concrète et totale l'humanité telle qu'elle vit d'un même sang et d'une même destinée à travers les générations, nous avons (comme l'a fait le dominicain Vittoria, qui le premier a nommé et promu le « Droit des Gens ») à envisager *in concreto* cette unité organique qui domine la diversité et les rapports des peuples et des hommes. Nous avons à constater et à comprendre cette multiplicité spontanée des sociétés particulières, à définir les obligations réfléchies qui résultent de ce fait naturel, et à chercher son sens, sa destination, sa loi.

III. — Dès lors disparaissent de faux problèmes pour faire place aux questions utiles. Ce qui se trouve en présence et ce qui risque d'entrer en conflit, ce n'est pas, en effet, un patriote en face d'un homme en général, d'un homme qui ne serait d'aucun pays, mais c'est tel patriote en face d'autres patriotes, tel homme en face d'autres hommes exposés, comme lui, par l'effet de mauvaises méthodes de pensée ou par la poussée des passions, à osciller d'un nationalisme exacerbé à un humanitarisme utopique. Nous comprenons, ainsi, nous aimons qu'il y ait des patries diverses, et cela pour le bien et l'enrichissement même de l'humanité. Assurément, nous gardons nos prédilections comme une obligation très chère et très justifiée ; mais aussi nous nous réjouissons que d'autres hommes aient, eux également, une tendresse intelligente et dévouée jusqu'à la mort pour leur propre pays. Même lorsque nous avons à heurter d'autres patriotismes que. le nôtre, c'est encore pour empêcher un appauvrissement de l'humanité que léseraient des prétentions à l'hégémonie ou à l'uniformité.

Volontiers je modifierais le titre de cette leçon en mettant *patries* au pluriel, en dépit d'un usage qui traduit peut-être une méconnaissance.

IV. — Si la sagesse antique et les forces naturelles de la raison ont pu entrevoir et nommer ce que les stoïciens ont en effet appelé *caritas generis humani*, toutefois le mot et la chose ne trouvent leur pleine signification et leur application totale que dans et par le christianisme. La fraternité humaine n'est vraie littéralement que par la paternité divine ; et cette paternité elle-même resterait une image et une métaphore sans l'adoption qui fait d'elle une vivante réalité, une souveraine obligation. En apportant un ordre surnaturel de grâce, la charité n'a donc pas un sens vague, une portée simplement humaine ; elle nous rattache au mystère de la vie divine elle-même, introduisant au plus intime des hommes et des sociétés une vocation « indéclinable », selon l'expression du Concile du Vatican, et qui ne saurait être impunément repoussée. Impossible donc, pour les âmes comme pour les peuples, de trouver un principe adéquat de vie sociale et de paix viable en dehors des inspirations dont la charité est la source secrète ou patente.

V. — Et il est bon, pour répondre aux urgentes requêtes de l'humanité actuelle, de préciser encore la vérité permanente et fondamentale que nous venons de rappeler. Car les crises présentes sont comme une expérimentation qui doit servir à manifester des besoins accrus, des évidences salutaires. Ce n'est pas en vain que, depuis des siècles, le ferment chrétien a soulevé une part, la part dirigeante de l'humanité ; mais, en

Une feuille contenant la liste des visites de la Semaine est en dépôt
au Secrétariat. Si vous ne la possédez pas, il faut la demander.

face des immenses bienfaits qui, même dans l'ordre scientifique et matériel, viennent du christianisme, deux erreurs délétères sont à redouter : prétendre conserver des avantages temporels et assurer la paix de l'humanité ou la Société des Nations, sans garder la foi et l'amour du Christ qui avaient été au principe même de notre idéal de générosité ; croire qu'on portera impunément notre culture, qui, si déchristianisée qu'elle paraisse, est de fond chrétien, aux nations restées étrangères à l'Evangile, sans provoquer des catastrophes morales et internationales. Par ses bienfaits mêmes, dont l'abus se tournerait en poison, le christianisme nous lie à lui, et les effets rendent la cause plus indispensable. La Patrie et l'Humanité ont besoin de plus en plus du principe catholique de la charité : la charité n'est pas un surcroît postiche, un cataplasme qu'on appliquerait après coup, pour remédier à des maux auxquels son absence aurait été étrangère ; elle est vraiment un principe, le principe de la vie sociale, aussi bien pour chaque patrie que pour toutes les patries dans l'unité humaine, qui ne se réalisera de plus en plus expressément que par l'esprit catholique.

La loi de Charité dans les rapports internationaux

Cours du R. P. DELOS

Professeur à l'Université Catholique de Lille

A l'encontre de ceux pour qui les règles de la politique internationale d'un pays se déduisent uniquement de sa géographie, de son passé, de sa démographie ou de sa mission historique, l'enseignement catholique proclame la Charité, Loi de la vie des peuples comme de la vie des individus.

I

LA CHARITÉ, LOI DE NOS RAPPORTS AVEC LES MEMBRES D'AUTRES NATIONALITÉS

A) Comment et pourquoi la Charité s'intéresse-t-elle à la nationalité du prochain ?

La Charité est un amour de bienveillance. Sous son influence, les moyens nécessaires au perfectionnement d'autrui nous deviennent aussi précieux que s'ils contribuaient à notre propre perfection. Or la nation est le cadre naturel et providentiel, le milieu « procréateur » et stabilisateur, qui apporte à chaque individu une « culture » et un « génie national », une « éducation » naturelle et héréditaire, de valeur variable mais toujours appréciable, préparation humaine à l'éducation et à la civilisation chrétiennes.

B) La Charité, amour désintéressé, souhaite que cette aide naturelle et providentielle joue à plein au profit du prochain et que celui-ci se développe au maximum, *dans là ligne* que lui ouvre son génie national. De là quatre effets principaux de l'intervention de la Charité :

1° Elle répand sur les problèmes particuliers posés par la nationalité, la lumière supérieure d'une *sagesse* qui, dans la diversité des cultures et des génies nationaux, reconnaît la suprême beauté de l'univers. Il s'appauvrirait en valeur humaine, et les diverses civilisations nationales, images de la complexité du monde terrestre, disparaîtraient dans l'uniformité d'une civilisation « standard ».

2° Elle donne un *esprit d'intelligence*, c'est-à-dire qu'elle met les âmes dans un état psychologique qui favorise et permet la compréhension mutuelle. Car elle nous apprend à nous mettre à la place et au point de vue du prochain, aimé pour lui-même. Par là, elle corrige ce qu'il y a de nécessairement restrictif et étroit dans la nationalité, qui nous impose une tournure d'esprit et de sensibilité limitative, source de heurts, de malentendus et d'incompréhensions.

3° Elle donne une sympathie active et réalisatrice, d'où procèdent les *Œuvres de bienfaisance ou d'assistance* qui, par delà les frontières, se portent au secours de toute misère physique ou morale, — et qui nous intéresse, de cœur et d'action, à la conservation et au développement des *valeurs culturelles* qui sont l'apanage des autres nationalités, et spécialement des minorités nationales.

4° Elle est le garant du *respect des droits des nationalités*, et particulièrement des *minorités nationales* qui vivent dans le cadre d'un autre Etat. Sans se substituer à la justice, elle obtient que, du côté des minorités, toujours passionnées, aussi bien que du côté de l'Etat, toujours prompt aux solutions abstraites et uniformes, les problèmes soulevés par l'existence de minorités nationales, soient posés en *termes humains*, c'est-à-dire en vue des véritables intérêts de culture et de civilisation dont la nation et l'Etat ont la garde.

Les lois de la charité dans les rapports avec les nationalités apparaissent, en toute leur pureté, dans la conduite de l'Eglise à leur égard : elle est pleine d'enseignements pour l'Etat.

Vous pouvez vous procurer dès maintenant, au Service de Librairie,
la brochure contenant le texte de la Déclaration d'ouverture de
M. Dutholt.

II

LA CHARITÉ, LOI DE LA POLITIQUE INTERNATIONALE

Au point de vue des *Nations* et de la nationalité succède celui des *États* et de la politique internationale.

A) Question préliminaire. Peut-on, entre États, parler de Charité, vertu surnaturelle, autrement que par *métaphore ?* Oui, si, sortant de la conception individualiste de l'homme, on voit en lui un être social, — en l'État, un « état de communion » (Hauriou), *homo « in communi »* (St Thomas), — et dans les relations sociales, de la *vie humaine collective.*

B) L'ordre international total comprend un ordre de justice et un ordre de charité, le second enveloppant et pénétrant le premier. Mais ils demeurent toujours *distincts.* Il importe de les délimiter soigneusement.

En particulier l'organisation internationale régie par le droit international est directement un ordre de justice. Spécialement, la réglementation de la guerre en vue de sa suppression progressive, repose nécessairement sur une organisation juridique et ne dépend pas de l'unique charité.

Mais la multiplication des liens de solidarité internationale, en provoquant la formation d'une société internationale de fait, amène une évolution dont il faut voir toute la portée. A l'intérieur d'un corps social, l'ordre de justice comporte non seulement des rapports de *justice interindividuelle* (d'État souverain à État souverain) mais de justice *distributive* du Bien commun international au profit des membres de la communauté internationale et de *justice sociale* internationale qui oblige les États envers la Communauté internationale. Il en résulte que des actes, laissés à l'initiative de la charité dans un état social international inorganique, relèvent de la justice, sociale ou distributive, au sein de la société internationale qui se constitue. Interprétation de quelques interventions récentes de la Société des Nations — 1920-1926 — qui illustrent cette évolution, grosse de conséquences internationales.

C) Mais les deux ordres de justice et de charité sont connexes et solidaires :

1° Connexes par leur terme: *les droits* des États se déduisent de leur *mission civilisatrice*, et *la charité*, de son côté, nous impose envers les États des devoirs qui ont pour règle leur fonction civilisatrice.

2° La *Charité* est solidaire de la justice : si l'ordre de droit n'est pas assuré, la charité ne peut s'épanouir dans les cœurs, par ailleurs les mieux intentionnés.

3° La *justice* reste impuissante sans la charité. Celle-ci *éclaire* le domaine de la justice ; — *anime et renforce* la justice, surtout en inspirant l'amour du Bien commun international ; — la *complète;* — *surélève* enfin l'ordre international tout entier, en soumettant l'u: ... , dans son unité organique, à la souveraineté surnaturelle du Christ, Roi de l'humar.. : (Pie XI, Encyclique *Miserentissimus*, 8 mai 1928).

L'Assistance Internationale
et la Société des Nations

Cours de Mgr Beaupin

Secrétaire général du Comité Catholique des Amitiés Françaises à l'étranger

Il existe, désormais, sous le nom de Société des Nations, un organisme à base contractuelle, qui rassemble déjà un grand nombre d'Etats, sans encore les comprendre tous. Comment le Pacte qui le régit a-t-il conçu et aménagé l'assistance internationale ? Que faut-il penser de cette conception et de son aménagement ? Telles sont les deux questions auxquelles il sera répondu dans ce cours.

I

On peut considérer la Société des Nations comme une Association d'Etats ayant pour but, non seulement de faire régner entre eux la Justice et le Droit, ce qui est déjà une très haute expression de la charité, mais encore de poursuivre une très vaste entreprise d'assistance réglementée, devant avoir pour effet de les prémunir contre certains fléaux, de les guérir des maux que ces fléaux ont causés, ou de les mettre en mesure de vaincre ceux qui les ravagent encore.

Il convient donc de mettre en lumière, dans les dispositions du Pacte, toutes celles qui ont un caractère vraiment net de charité et d'assistance.

Plusieurs d'entre elles, en effet, sont destinées à prévenir les guerres futures, soit politiques, soit sociales, soit économiques.

Ce sont celles qui, à côté des procédures arbitrales ou juridiques, instituent des procédures de conciliation et font aux États un devoir d'assister ceux d'entre eux qui seraient victimes d'une agression ; celles aussi qui ont créé une organisation internationale du travail et permis la réunion d'une Conférence économique internationale.

A cet effort, peuvent se rattacher les mesures prises pour guérir les maux causés par la dernière guerre. Elles l'ont été surtout en faveur de diverses catégories de réfugiés ou en faveur d'États qui, pour échapper à la ruine financière, ont bénéficié, comme l'Autriche, d'une assistance internationale.

L'Institution de Genève s'est appliquée aussi, en invitant les gouvernements à faire connaître à la jeunesse son but et son idéal à faire triompher partout les idées de coopération internationale, qui ne vont pas sans compréhension mutuelle, donc sans charité et sans collaboration entre les intellectuels, donc sans assistance des uns envers les autres.

Elle veut encore empêcher les abus de force auxquels pourraient se laisser entraîner les États, soit à l'égard de leurs minorités nationales, soit à l'égard des peuples encore malhabiles à se gouverner eux-mêmes.

Les articles 23, 24 et 25 du Pacte apparaissent enfin comme confiant à la Société des Nations la garde et la régie de tous les grands intérêts du monde, dans le domaine de la lutte contre les fléaux autres que la guerre. Ce sont surtout ceux-là qui constituent ce que l'on pourrait appeler la charte de l'assistance internationale proprement dite. On les examinera donc avec quelque détail, en faisant remarquer qu'ils donnent à la Société des Nations surtout une mission de contrôle et une tâche, de coordination; de l'étendue de cette mission et de cette tâche, on donnera enfin une idée d'ensemble.

II

C'est sur cet ensemble qu'il y a lieu de porter un jugement; c'est à son égard aussi qu'il convient de fixer une attitude.

A) Il est normal, en premier lieu, qu'une telle œuvre ait *un budget*, alimenté par les contributions financières des États associés. Comparé aux dépenses qu'exige, encore aujourd'hui, l'entretien des armées ou à celles qu'a entraînées la dernière guerre, ce budget n'a rien d'excessif. Il se justifie d'ailleurs du fait qu'un très grand nombre de tâches de charité et d'assistance ne peuvent être menées à bien qu'internationalement. On le prouvera par des exemples.

B) On examinera, en second lieu, *la méthode* d'assistance internationale employée par la Société des Nations, pour faire voir que son mode d'intervention est le plus généralement *indirect*. Elle fait faire, et veut faire faire, beaucoup plus qu'elle ne fait par elle-même. Elle agit, en effet, tantôt par voie de recommandations aux gouvernements, tantôt en confiant des tâches diverses, soit à des Offices autonomes, mais qu'elle contrôle, soit à des Commissions les unes consultatives, les autres exécutives. Elle centralise l'information, mais décentralise l'action, tout en s'appliquant à la coordonner, ce qui remédie à la dispersion des efforts et à leur intermittence, en assurant leur continuité. On rencontre, dans ces organismes, la conjonction d'une triple collaboration, celle des gouvernements, celle des experts techniques, celle des associations libres.

Cette formule peut être considérée comme satisfaisante, parce qu'elle n'est pas une formule de « surétatisation » et de « monopolisation » des initiatives, au profit d'un « Surétat ». La tendance « surétatisante » n'en existe pas moins, à laquelle il faut prendre garde mais dont on doit reconnaître qu'elle n'a pas triomphé jusqu'ici et qu'elle a de moins en moins chances de triompher, malgré une certaine « fonctionnarisation », nécessaire, si elle reste normale.

C) L'Œuvre d'assistance internationale de la Société des Nations s'accomplit, en dehors de l'Eglise et en toute indépendance à l'égard de sa doctrine. Il le faut expliquer par le fait que cette œuvre est poursuivie par une association d'Etats dont plusieurs sont païens ou ne sont plus chrétiens et que ceux-là aussi sont appelés à en bénéficier. D'où une formule de neutralité qui correspond à une exigence d'ordre pratique, dans le domaine du bien social.

Pourtant, sousjacent au sentiment de solidarité universelle qui inspire toute cette œuvre, se découvre parfois une tendance « matérialisante » qui risque, sinon d'atteindre, du moins de méconnaître les valeurs spirituelles essentielles, en n'attachant de prix qu'au bien-être physique et à l'élimination de la souffrance corporelle.

Il y a là un danger d' « humanitarisme » auquel il faut parer, par un rappel incessant que l'homme est corps et âme et qu'à soigner le corps, sans soigner l'âme, on va, parfois, contre le but même qu'on se propose. S'il est des conditions matérielles qui favorisent l'exercice de la vertu, cet exercice, à son tour, donne leur efficacité à ces conditions matérielles et en aide singulièrement la réalisation.

La sympathie marquée pour les doctrines du Catholicisme social se taduit-elle toujours par une action constante et pratique ? Représentons-nous, dans le pays, une force de propagande ?

Dans son œuvre d'assistance, généreuse, riche déjà de réalisations et plus encore de promesses, la Société internationale s'arrête souvent à mi-chemin. En lui infusant l'esprit de l'Evangile, la collaboration catholique, pourvu qu'elle soit prudente, d'indiscutable valeur technique et elle-même organisée, peut la conduire au port.

La Charité et les Impérialismes

Cours de M. Lucien Romier

Président de la Société d'Economie Nationale.

La loi morale de la charité nous enseigne de nous soucier d'autrui. L'instinct de la vie nous pousse à exercer notre puissance. Le conflit est-il donc : dominer ou servir ? Non, puisqu'un apôtre ne peut être qu'un chef.

Mais si l'impérialisme est la puissance supérieure, peut-elle durer sans servir ?

La tendance moderne du développement de la personnalité est doublée de l'idée de la rançon de la puissance sous forme d'intérêt collectif.

L'impérialisme militaire est dominé par le contre-poids moral de l'opinion publique ; le mercenaire n'existe plus, il faut une discipline consentie.

L'impérialisme économique est régi par la loi de l'économique. Toute puissance économique est condamnée, qui n'améliore le sort des travailleurs par la plus grande rémunération de l'effort et par des avantages matériels, en dominant la concurrence. Son droit de vivre ne repose donc que sur les satisfactions données à l'humanité.

Enfin, la troisième forme de domination et de conquête, l'impérialisme intellectuel, peut-il n'obéir qu'à l'égoïsme ?

L'intellectuel doit servir ou périr. Peut-on le concevoir isolé ? Il est dépendant pour les exigences de sa vie matérielle, de même qu'il ne peut renouveler les sources de son intellectualité qu'au contact d'autrui.

De même l'activité matérielle a besoin de la pensée ; mais pour que nos sociétés modernes sauvegardent les valeurs de l'esprit, il faut que celles-ci lui servent..

Si le don ne fructifie que dans la communauté, un empire, quel qu'il soit, est la puissance qui crée, et créer c'est donner une part de soi, c'est obéir à la loi de charité.

Le Partage des ressources terrestres
entre les peuples

Cours de M. CHARLES BODIN

Professeur à la Faculté de Droit de l'Université de Rennes

L'inégale répartition dans le monde des ressources terrestres, la localisation géographique des nations et la quasi-universalité des besoins de l'homme ont, de tout temps, suscité les féconds efforts de l'humanité, mais engendré les plus redoutables conflits. Le développement des moyens de production, d'échange et de transport, en multipliant à la fois les appétits des individus et les contacts entre les peuples, n'a fait qu'aggraver les dangers de ce triple stimulant de notre activité. Seuls, les principes qui découlent de la loi de charité ont atténué et atténueront ses périls tout en laissant subsister les bienfaits de l'émulation qu'il engendre.

Nous étudierons ces principes. Nous envisagerons ensuite leurs applications aux hypothèses de conquêtes, de colonisation et de commerce international.

LES PRINCIPES

Les principes qui dominent le problème de la répartition des ressources terrestres entre les peuples sont au nombre de trois:

1° La légitimité du droit de propriété privée ;

2° La limitation de ce même droit résultant de ce que l'homme doit « tenir les choses extérieures... pour communes, de telle sorte qu'il en fasse part facilement aux autres dans leurs nécessités » ;

3° Le droit de société et de communication entre les individus et les peuples.

L'explication et la coordination de ces principes conduisent à reconnaître que la doctrine catholique favorise la mise en valeur des ressources terrestres en vue du bien commun de l'humanité, tout en assurant le respect des droits naturels des individus et des peuples, qu'ainsi, loin de faire obstacle aux progrès du bien-être, elle les seconde d'autant mieux qu'elle en soumet l'évolution à une discipline morale conforme à l'intérêt bien entendu de ceux qui y collaborent.

Il faut établir entre lés hommes de doctrine et les hommes d'action
une collaboration assidue. C'est le seul moyen de donner vie efficace
à la doctrine et assises profondes à l'action.

Les Applications

Toutes les fois qu'un problème de répartition se pose, on constate qu'en fait, il peut être résolu de trois manières : par la violence, par l'autorité ou par le libre contrat. Celui que nous examinons ici n'échappe pas à cette règle.

La répartition des ressources terrestres entre les peuples peut résulter : 1° de guerres injustes — c'est la violence ; 2° de certains moyens légitimes de conquête — c'est l'autorité ; 3° de la pratique du commerce — c'est le libre contrat.

Or, la doctrine catholique interdit le premier de ces trois procédés et réglemente strictement les deux autres au nom de la loi même de charité. C'est ainsi que son action bienfaisante s'exerce.

A peine est-il besoin de rappeler que l'Eglise condamne la guerre qui a pour objet l'appropriation des biens légitimement acquis par autrui. Mais il importe de remarquer qu'elle la réprouve en toute circonstance, quels que soient la religion, le degré de moralité ou de civilisation de celui qui est attaqué. Sa réprobation s'étend donc à certains procédés dits de « colonisation ».

En revanche, la doctrine catholique admet, en certaines occasions, la légitimité de la force ; elle lui reconnaît le droit de résister à l'injustice et même celui de la punir. Par ailleurs, elle approuve d'autres moyens de conquête, par exemple l'occupation des biens sans maître. Elle permet donc de procéder, par voie d'autorité, soit à la restitution de biens injustement détournés, soit à l'utilisation des ressources dont l'ignorance ou l'inertie de certaines races risquerait de priver l'humanité tout entière et en particulier, les nations qui sont les plus aptes à les mettre en valeur. Ce sont ces principes qui ont fourni aux colonisateurs la seule doctrine à la fois conforme à la morale et à l'utilité. L'histoire des entreprises coloniales prouve que sa méconnaissance a toujours été l'occasion non seulement des abus les plus odieux, mais aussi des mécomptes les plus graves et qu'inversement, son respect a constamment assuré à la fois la justice dans les rapports des colonisateurs et des colonisés et le progrès matériel des uns et des autres, par suite le bien de l'humanité.

Les directives du catholicisme ne sont pas moins indispensables à la régularité et à l'efficacité des relations commerciales entre les nations. Sans postuler telle ou telle forme du libre-échange, qui, pratiquement, serait souvent irréalisable ou, au moins, extrêmement dangereuse, elles condamnent certaines conceptions étroites et égoïstes du protectionnisme, qui, en s'opposant à une équitable et féconde répartition des ressources terrestres entre les peuples, suscitent des conflits internationaux et retardent la marche du progrès économique. Dans cet ordre d'idées, l'évolution de la politique économique internationale et son histoire actuelle fournissent une ample moisson de faits et d'enseignements desquels il résulte que la doctrine catholique est, en même temps que la grande morale des rapports d'échange, la meilleure garantie de leur fécondité.

CONCLUSION

A une époque où l' « économique » a pris une telle prépondérance n'est-il pas intéressant de constater, à l'occasion d'un problème aussi grave que celui de la répartition des ressources terrestres entre les peuples, que de l'observation la plus sincèrement scientifique résulte une éclatante confirmation des bienfaits positifs de la loi de charité ? Si cette constatation n'ajoute, à la vérité, rien à la puissance de sa révélation, ne peut-elle incliner, du moins, les esprits, qui n'y auraient pas encore adhéré, à la considérer désormais comme la plus admirable et la plus utile expression d'un ordre providentiel nécessaire à l'équilibre et, par suite, au bonheur de l'humanité ?

www.ingramcontent.com/pod-product-compliance
Ingram Content Group UK Ltd.
Pitfield, Milton Keynes, MK11 3LW, UK
UKHW022329070726
13614UKWH00003B/1011